# SÁBADOS EN EL MONASTERIO 5

MANUALES **DE ORACIÓN**

**PPC**

**Equipo de redacción**

Santiago Alonso Oliva, Mercedes Arias Puente, Isabel Carretero Gimeno, Victoria Esteban Cid, Elena María Lamana Cónsola, Teresa Lasuén Esparza, Marisol Latorre Pellicero, Ana María Martín Aldea, María Dolores Ros de la Iglesia

**Fotografías**

ARCHIVO SM; Shutterstock; Canonesas del Santo Sepulcro

© 2024, Canonesas del Santo Sepulcro

© 2024, PPC, Editorial y Distribuidora, S.A.
  Parque Empresarial Prado del Espino
  Impresores, 2
  28660 Boadilla del Monte (Madrid)
  ppcedit@ppc–editorial.com
  www.ppc-editorial.es

ISBN: 978-84-288-4187-0

Depósito legal: M-16296-2024

Impreso en la UE / *Printed in EU*

# Presentación

## Orar en clave de personalización

> "Llegamos a ser plenamente humanos cuando somos más que humanos, cuando le permitimos a Dios que nos lleve más allá de nosotros mismos para alcanzar nuestro ser más verdadero".
>
> (FRANCISCO, Exhortación apostólica *Evangelii gaudium* 8).

La oración es una dimensión esencial en todas las tradiciones religiosas. Hoy es cada vez más reconocida en la construcción de la identidad personal. Y podemos observar que desde el momento en que el ser humano cree, ora; y donde cesa la oración, se apaga la fe.

Esta propuesta de oración combina tres dimensiones de la vida cristiana:

- **Escuchar la Palabra.** La relación con Dios nace y se nutre de su iniciativa, de la historia de amor que Él quiere hacer con nosotros.

- **Vivir con Dios toda la realidad.** El amor de Dios se derrama en nosotros para poner en marcha su Reino.

- **En un proceso de conversión** que se traduce en un itinerario espiritual que puede ser vivido por todo cristiano.

En una cultura en la que prevalece la *experiencia subjetiva* surge cada vez con más fuerza la *búsqueda de la dimensión trascendente o espiritual*, paradójicamente en un contexto de *creciente secularización*. En un mundo plural como el nuestro en el que aparecen grupos con una oferta diversificada de cultivo de la interioridad, nosotros ofrecemos un espacio de oración cristiana en clave de personalización.

Esta propuesta de itinerario espiritual está inspirada en el libro *Camino de transformación personal*[*]. Desde hace algunos años, un equipo animamos esta experiencia que llamamos *Sábados en el Monasterio*, en un precioso monasterio mudéjar del centro de la ciudad de Zaragoza.

En las páginas siguientes se explican las líneas de fuerza y la pedagogía que acompaña esta experiencia de oración que ahora, con su publicación, ofrecemos a toda persona que busca, que necesita espacios de silencio y pistas que le faciliten el encuentro con el Dios de Jesucristo.

---

[*] J. GARRIDO, *Camino de transformación personal*, San Pablo, 2019. Este modelo de "Personalización de la fe" está desarrollado en los siguientes libros: *Evangelización y espiritualidad. El modelo de la personalización*, Sal Terrae 2009; *Pedagogía de la afectividad cristiana*, San Pablo 2017; *El amor que hace razonable la fe*, Sal Terrae 2018; *Introducción a la fe cristiana*, Verbo Divino 2019.

Con el entusiasmo y la alegría que hemos experimentado en nosotros, presentamos este material de oración con la certeza de que ofrecemos un tesoro.

"Urge recobrar un espíritu contemplativo, que nos permita redescubrir cada día que somos depositarios de un bien que humaniza, que ayuda a llevar una vida nueva."
(*Evangelii gaudium* 264)

El Equipo de *Sábados en el monasterio*

Ana e Isabel (Canonesas del Santo Sepulcro),
Mercedes, Marisol, Elena, Teresa, Victoria y Lola (laicas),
Santiago (sacerdote)

# Pedagogía para el uso de los cuadernos

Cada cuaderno de nueve oraciones (los nueve meses de un curso) sigue una pedagogía común. Puede ser utilizado tanto para encuentros comunitarios como para uso personal y también como contenido de un retiro, o como oración que acompaña a los grupos que trabajan la personalización de la fe.

Cada oración tiene los siguientes momentos:

 ## Oración inicial

La preparación a la oración puede hacerse con una música, canto, salmo..., para ponernos en la presencia de Dios. Se crea así el clima de silencio, tanto personal como comunitario, que nos capacita para la escucha.

 ## Pistas para la meditación con la Palabra de Dios

El centro es siempre la Palabra de Dios. Meditar significa dejar que el texto resuene en nuestro centro/corazón de manera que recibamos una luz que renueve la existencia. No se trata de buscar explicaciones. Cada oración parte de muy pocos textos bíblicos para que sea ocasión de escucha y contemplación.

Buscamos que la experiencia bíblica que se ofrece en el pasaje conecte con nuestra vida personal. Para ello, los textos van acompañados de pequeños comentarios sugerentes que enlazan con la propia existencia. Este momento de la oración está pensado para unas dos horas de meditación personal.

 ## Oración final

Es el momento de recoger lo vivido en el tiempo de meditación, expresándolo a través de múltiples maneras: gestos, símbolos, oraciones, danza, canto, imágenes... Es importante y sugerente la ambientación en caso de oración comunitaria.

 ## Pistas para el discernimiento

La oración está directamente unida a la conversión, es decir, a un proceso de transformación interior que cada persona puede realmente experimentar. Las pistas de discernimiento que acompañan a cada tema no forman parte del momento de la oración, sino que tratan de iluminar el camino que cada persona está recorriendo y sugieren la posibilidad de buscar algún tipo de acompañamiento.

# Ser cristiano en la vida cotidiana: el primado del amor...

Comenzamos este tiempo de oración con aquello
que nos conforma por dentro y por fuera:
la fuerza del amor.

"El amor no necesita explicaciones,
que con ser amor se basta".

El primado del amor está en el corazón y
su fuente es Dios. Amar, para el cristiano,
no es un principio ético de conducta,
sino la experiencia **viva** de ser amado
por Dios mismo.
Esa experiencia abrumadora de sentirse amado
lleva, irremediablemente, a amar al prójimo.

# Oración inicial

Una noche las mariposas se reunieron, con el ansia de conocer la llama. Decían:

—Es necesario que alguien nos dé alguna noticia.

Una de ellas se acercó a un castillo, y desde afuera vio, a lo lejos, la luz de una vela. Contó su impresión, según lo que había podido entender.

Pero la mariposa que presidía la asamblea no se dio por satisfecha.

—No sabes nada de la llama —dijo.

Partió otra, y penetró en el castillo, tocando la vela, pero manteniéndose lejos de la llama. También esa reportó un pequeño manojo de secretos, contando su encuentro con la vela. Pero la sabia mariposa le contestó:

—Tampoco esto es un informe, querida. Tu relación vale tanto como la otra.

Partió una tercera, y ebria, ebria se posó, moviendo las alas, sobre la llama. Estiró las patas y la abrazó, perdiéndose alegremente en ella.

Envuelta completamente por el fuego, sus miembros se pusieron rojos como el fuego. Cuando una sabia mariposa la vio desde lejos, convertida en una sola cosa con la llama, ya del color de la luz, dijo:

–Solo esta ha alcanzado el objeto. Solo esa, ahora, sabe algo de la llama.

Cuento tradicional árabe

Sin amor, nada tiene sentido.

"Aunque hablara las lenguas de los hombres y de los ángeles, si no tengo amor, soy como una campana que suena o címbalo que retiñe. Y aunque tuviera el don de hablar en nombre de Dios y conociera todos los misterios y toda la ciencia; y aunque mi fe fuese tan grande como para trasladar montañas, si no tengo amor, nada soy. Y aunque repartiera todos mis bienes a los pobres y entregara mi cuerpo a las llamas, si no tengo amor, de nada me sirve" (cf. 1 Cor 13,1-3).

El amor es fuente de libertad.

Se identifica con la voluntad del Señor y ya no depende de hacer esto o lo otro; unifica la oración y la acción.

### Canto: Muéveme, mi Dios

Muéveme, mi Dios, hacia ti.
Que no me muevan los hilos de este mundo.

Muéveme, atráeme hacia ti.
Desde lo profundo.

IXCÍS, "Muéveme, mi Dios", en *Confío*, (CD, 1991).

## Pistas para la oración

En la vida cotidiana, el primado del amor significa que lo que cuenta es la calidad, no la cantidad: que cada cosa que hago es importante, aunque socialmente no sea valorada, todo depende desde dónde lo hago.

 1 Juan 2,7-11, 1 Juan 3,16-18, 1 Juan 4,7-21

Por eso es tan importante que, contemplando, veamos ese desde dónde actuamos
o nos comportamos; es decir, que conectemos

con la fuente del amor, como de manera tan bella
expresa el evangelista san Juan en su primera carta.
El amor es comunión de vida, ya que Él mismo
es la vida y la vida es comunión. Comunión con
Dios y con los hombres. En realidad, no hay dos
amores, el de Dios y el del prójimo, sino un mismo
Espíritu Santo que une el cielo y la tierra en el
corazón de Dios.

 **1 Corintios 13,1-13**

El primado del amor se aprende en la experiencia
de gratuidad del amor de Dios. Cuando todo
lo vivimos como gracia, incluso el amarnos
a nosotros mismos. Tal vez sea la mayor gracia
de las gracias: amarnos a nosotros mismos
como Dios nos ama.

 **Lucas 15,11-24**

La parábola habla del amor primero y duradero
de un Dios que es Padre y Madre. Es la fuente
del amor humano, incluso del más limitado. Toda
la vida y predicación de Jesús estuvo dirigida
a un único fin: revelar el inagotable e ilimitado
amor materno y paterno de su Dios y mostrar
el camino para dejar que ese amor dirija
nuestra vida diaria. Es el amor que siempre
da la bienvenida a casa y que siempre quiere
celebrarlo.

## Oración final

### Sugerencias para la ambientación

- Preparamos arcilla de modelar. Si la oración es comunitaria, prepararemos un lugar que presida, con una vasija de barro (real o una imagen de esta), la Biblia y una vela.

### Canto: Solo el amor

Debes amar la arcilla que va en tus manos.
Debes amar su arena hasta la locura.
Y si no, no la emprendas que será en vano.
Solo el amor alumbra lo que perdura,
solo el amor convierte en milagro el barro. (bis)

Debes amar el tiempo de los intentos.
Debes amar la hora que nunca brilla.
Y si no, no pretendas tocar los yertos.
Solo el amor engendra la maravilla,
solo el amor consigue encender lo muerto. (bis)

SILVIO RODRÍGUEZ,
"Solo el amor" en *Causas y Azares*, (CD),
Sonoland (1986).

Es el **amor** de Dios el que mueve nuestras manos para moldear el barro de nuestras vidas haciéndolas a imagen de Dios.

Finalizamos este tiempo haciendo presente todo lo reflexionado y orado, a través del tacto, modelando esas sensaciones, dando forma al amor misericordioso de Dios que nos da forma.

### Gesto

- Podemos dar forma a una vasija de barro, con nuestras manos, desde nuestro corazón, desde el corazón de Dios.
- Mientras damos forma a la vasija, dejándonos guiar por el amor del Padre, nos detenemos en una de las frases de la canción que nos haya tocado por dentro o en algo de lo que hayamos meditado en el tiempo de oración.
- En oración compartida, podemos expresar en voz alta lo meditado.

Terminamos dando gracias y rezando juntos el Padrenuestro.

## Pistas para el discernimiento

A la luz de lo que hemos orado, observamos hasta qué punto nuestros comportamientos en la vida ordinaria son fruto del amor.

Hacemos una lectura activa de estas pistas, subrayando aquellas en las que me veo implicado.

- Cada cosa que hago es importante, aunque no sea socialmente valorada.

- Considero y trato a cada persona como fin y no como medio, por encima de las instituciones y las normas.

- Puedo ya juzgar sin condenar y comprender sin justificar; puedo ser sencillo sin ser ingenuo, generoso sin dejar de ser realista.

- El amor se entrega y no pretende medir los frutos.

- El primado del amor tiene como medida a los preferidos de Dios: los pecadores, los pequeños, los pobres, los enfermos..., los que no pueden correspondernos.

- Amo a las personas concretas que me rodean, pero no dependo de ellas.

- Dios es mi primer y absoluto amor personal.

# Mi proceso espiritual

**2**

# Ser cristiano
# en la vida cotidiana: cada día

El Señor nos encomienda el cada día, no más.
Ni el pasado ni el futuro. Cada día Dios nos
quiere tener en sus manos llenándonos de amor,
acompañándonos en cada momento del día.

Días que traen su alegría, y su tristeza,
sus logros y sus sufrimientos.

Recibimos fuerza para hoy, se nos invita a vivir
el hoy con intensidad.

Y hoy estamos aquí para orar y ver cómo
vivimos lo cotidiano.

# Oración inicial

**Sugerencias para la ambientación**

- Preparamos una imagen o figura de unas jirafas entrelazadas.

### Canto: Acoger nuestra realidad

Acoger, abrazar, asumir, integrar
y mirar con amor, nuestra realidad. (bis)

Contemplar, bendecir, comulgar, transformar,
y besar con amor nuestra realidad. (bis)

CARMEN CAÑADA, "Acoger nuestra realidad",
en *Dentro*, (CD), Monte Carmelo
y desde la Casa de Oración de Zaragoza.

### Una jirafa. Dos jirafas

La jirafa duerme muy poco.

Vive intensamente el presente.

Bebe poca agua. Necesita poco para vivir el día a día.

No emite ningún sonido. El silencio la mantiene alerta.

Su cuerpo: patas, piel, cuernos son especiales.

Acepta su diversidad.

Se mueve lentamente. Vive despacio.

Puede ver muy lejos. Tiene una visión de futuro amplia.

Dos jirafas. Se sitúan muy próximas. Se acompañan.

Cada una mira en una dirección. Se protegen.

Están muy próximas entre sí, entrelazadas, implicadas una con la otra.

La imagen expresa un ideal de relación humana.

Con gesto reposado y firme, cada una mira en distinta dirección, que sugiere complementariedad.

Una considera el pasado mientras la otra está atenta a lo que viene.

Con este conjunto simbolizamos el vivir cada día con sus tareas propias y unidos a Dios mediante el amor cotidiano a los hermanos, que es el tema con el que queremos orar.

Venimos a descansar con el Señor, a orar sobre cuál es mi realidad y cómo la vivo.

Queremos tomar conciencia de nuestro cada día.

"Todo tiene su momento, y cada cosa su tiempo bajo el cielo..." (Eclesiastés 3).

## Salmo 131 (130)

Espere, Israel, en el Señor, ahora y por siempre

Señor, mi corazón no es ambicioso,
ni mis ojos altaneros;
no pretendo grandezas
que superan mi capacidad.

Si no que acallo y modero mis deseos,
como un niño en brazos de su madre.

Gloria al Padre, y al Hijo, y al Espíritu Santo, como era en el principio, ahora y siempre, por los siglos de los siglos. Amén.

Silencio y tiempo personal.

## Pistas para la oración

El Señor me encomienda el cada día, no más. A veces vivo proyectando el futuro, como huyendo de la mediocridad del presente.

Cada día significa espíritu de abandono. Somos un niño en manos de Dios. ¡Qué manía de querer estar por encima de mi propia medida!
Solo el cada día me libera de la ambición.

Y de la ansiedad del tiempo, que crece con los años, cuando siento que no dispongo del futuro y quiero apurarlo compulsivamente.

Hay que cuidar cada día de las cosas pequeñas, pues en ellas se pone en juego nada menos que el amor, es decir, la vida entera.

La calidad de la vida está en la fidelidad, no de quien necesita estar en orden, sino de quien se levanta cada día con el gozo de servir al Señor.

Cada día tiene su cruz. No busquemos heroísmos de cuando en cuando, sino cargar con el peso de cada día.

El Señor nos da fuerzas para cada día, no más: mañana tendrá su propio afán. ¡Déjale al Señor que renueve cada mañana el fuego de tu amor!

**Números 11,4-15:** Vivir cada día con añoranzas del pasado.

**Mateo 6,24-34:** Vivir cada día sin añoranzas del futuro.

**Eclesiastés 3,1-15:** Vivir cada día con su tarea.

De la lectura de los textos bíblicos, algún párrafo o frase te habrá llamado la atención, te habrá afectado. Sigue esta secuencia:

- Primero, reflexiona cómo te ilumina o qué tiene que ver contigo.
- Luego, pasa el texto al corazón; mejor, dilo con tus propias palabras dirigidas al Señor.

## Oración final

### Sugerencias para la ambientación

- Podemos usar las jirafas de la oración inicial, y colocamos unas hojas secas a su alrededor y una vela. Rotuladores.

Cada día. No poseemos más que eso. El hoy. Y en el hoy cabe todo: nuestra fragilidad, lo que necesitamos, las luces y las sombras, la cruz, el gozo y el amor... Dios nos lo entrega todo en el día a día.

Recogemos todo esto en oración.

### Gesto

- Como símbolo de lo efímero y lo frágil, de lo que no puede aferrarse a un futuro, escribimos una oración en una hoja seca, y colocarla junto al símbolo de las jirafas que ha presidido la oración inicial.

¿Qué le entrego al Señor en mi día a día?

¿Qué cosas cotidianas vivo desde Él?

## Oración de la serenidad

Señor, concédeme serenidad
para aceptar todo aquello que no puedo cambiar,
fortaleza para cambiar lo que soy capaz de cambiar
y sabiduría para entender la diferencia.

Viviendo día a día;
disfrutando de cada momento;
sobrellevando las privaciones como un camino
hacia la paz; aceptando este mundo impuro
tal cual es y no como yo creo que debería ser,
tal y como hizo Jesús en la tierra:
así, confiando en que obrarás siempre el bien;
así, entregándome a tu voluntad,
podré ser razonablemente feliz en esta vida y alcanzar
la felicidad suprema a tu lado en la próxima.
Amén.

Reinhold Niebuhr

### Canto: Hoy, Señor, te damos gracias

Hoy, Señor, te damos gracias por la vida,
la tierra y el sol.

Hoy, Señor, queremos cantar las grandezas
de tu amor.

Gracias, Padre, mi vida es tu vida,
tus manos amasan mi barro,
mi alma es tu aliento divino,
tu sonrisa en mis ojos está.

Gracias, Padre, Tú guías mis pasos,
Tú eres la luz y el camino,
conduces a Ti mi destino como llevas
los ríos al mar.

Gracias, Padre, me hiciste a tu imagen
y quieres que siga tu ejemplo brindando mi amor
al hermano, construyendo un mundo de paz.

CESÁREO GABARAÍN, "Hoy, Señor,
te damos gracias", en *Dios, hombre, mundo*.

## Pistas para el discernimiento

**Dejar que salga lo latente**

Cuando recorro mi historia vivida y mi día a día reconozco, me surge:

- Agradecimiento humilde. No soy perfecto; pero ¡he recibido tanto!
- Soy limitado, pero con Dios lo puedo todo.
- Desconcierto. ¡Qué poco me conozco! ¡Cuántos palos de ciego!
- ¡Tantas veces me siento culpable! Por amor propio, porque no me gusta lo que voy descubriendo de mí.
- Abandono en la misericordia de Dios. ¡Qué bien que yo no tengo la última palabra sobre mi vida!
- Esperanza, a pesar de todo.

Tu palabra me abre al infinito.

La relación con Dios tiene que encararme con mi propia historia.

# Mi proceso espiritual

# Ser cristiano
# en la vida cotidiana:
# humildad y esperanza

Adviento. Tiempo de humildad y esperanza.

Humildad, que proviene de *humus*, tierra,
lo que está abajo, lo oscuro, lo que nos sustenta
y nutre. Tiempo de fragilidad, de pobreza,
de enraizarse en la tierra, para desde allí poder
mirar hacia arriba.

Esperanza, que proviene de arriba, de lo que
nos llega, del que se entrega y germina, donación
hecha carne, en todo igual menos en el pecado,
que reirá, llorará y sentirá como cualquiera
de nosotros. Carne que brota de un vientre
que confía y dice sí. Encontrar su mirada,
que es lo que nos dará fuerza y alimento
para caminar.

# Oración inicial

## Canto: Santa María de la Esperanza

Santa María de la esperanza:
mantén el ritmo de nuestra espera,
mantén el ritmo de nuestra espera.

Nos diste al esperado de los tiempos,
mil veces prometido en los profetas,
y nosotros de nuevo deseamos que vuelva
a repetirnos sus promesas.

Viviste con la cruz de la esperanza
tensando en el amor la larga espera;
y nosotros buscamos con los hombres
el nuevo amanecer de nuestra tierra.

Brillaste como aurora del gran día,
plantaba Dios tu tienda en nuestro suelo,
y nosotros soñamos con su vuelta
queremos la llegada de su reino.

Esperaste cuando todos vacilaban,
el triunfo de Jesús sobre la muerte;
y nosotros esperamos que su vida
anime nuestro mundo para siempre.

J. A. ESPINOSA (música: R. de Andrés),
"Santa María de la Esperanza",
en Flor y Canto, (CD).

## Proclamación del evangelio de Lucas 1,26-38

Envió Dios al ángel Gabriel a una ciudad de Galilea llamada Nazaret, a una virgen prometida a un hombre llamado José, de la familia de David; la virgen se llamaba María.

Entró el ángel a donde estaba ella y le dijo:

–Alégrate, favorecida, el Señor está contigo.

Al oírlo, ella se turbó y discurría qué clase de saludo era aquel.

El ángel le dijo:

–No temas María, que gozas del favor de Dios.


## Salmo 103 (102)

Bendice, alma mía, al Señor,
desde el fondo de mi ser.
Bendice, alma mía, al Señor,
y no olvides sus muchos beneficios.
Bendice, alma mía, al Señor,
porque él ha sido grande conmigo.
Bendice, alma mía, al Señor,
porque ha llenado de paz mi vida.

El Señor te corona de amor y de ternura día a día.
El Señor satura de bienes y regalos tu existencia.
El Señor te guarda como a la niña de sus ojos.
El Señor renueva tu juventud como el águila.

Bendice, alma mía, al Señor, que hace obras de justicia.
Bendice, alma mía, al Señor,
que otorga derecho al oprimido.
Bendice, alma mía, al Señor,
que manifiesta sus caminos al que lo busca.
Bendice, alma mía, al Señor,
que ha hecho prodigios con nosotros.

El amor del Señor, alma mía, es más alto que los cielos.
El amor del Señor, alma mía,
es más grande que los mares.
El amor del Señor, alma mía,
es más fuerte que las montañas.
El amor del Señor, alma mía,
es más firme que nuestras rebeldías.

Bendice alma mía, al Señor,
por la ternura de sus manos.
Bendice, alma mía al Señor,
que es más bueno que una madre.
Bendice, alma mía, al Señor,
que él sabe de lo frágil de nuestro barro.
Bendice, alma mía, al Señor,
que él comprende nuestro corazón enfermo.

El amor del Señor, alma mía,
es desde siempre y para siempre.
El amor del Señor, alma mía,
es para aquellos que le temen y respetan.
El amor del Señor, alma mía,
se hace justicia para sus hijos.
El amor del Señor, alma mía,
es para los que guardan su alianza.

Bendice, alma mía, al Señor,
unida al coro de sus ángeles.
Bendice, alma mía, al Señor,
en medio de la asamblea congregada.
Bendice, alma mía, al Señor,
el único Dueño de la Historia.
Bendice, alma mía, al Señor,
en todos los lugares de su señorío.


Hacemos eco de lo que ha llegado a nuestro interior.

## Pistas para la oración

La humildad hace referencia a nuestra realidad
y condición. Y la esperanza a las promesas de Dios.

Pero no se contraponen como dos polos
en tensión, sino que el Espíritu establece entre ellas
una correlación inesperada.

Porque la humildad ya no
es solo la aceptación
de las limitaciones,
sino el ámbito que acoge
la promesa de Dios,
que elige a los que no son.

Y la esperanza ya no se
alimenta de deseos
y posibilidades inacabadas,
sino de fe en aquel
que hace fecundo el seno
de la estéril.

Por eso se hace imprescindible el reconocernos
en toda nuestra amplitud y nuestra pobreza
para poder ser capaces de abrir el corazón
y acoger la promesa y la entrega.

Y a la vez preguntarnos dónde estamos depositando
nuestra esperanza cada día. En quién somos capaces
de poner esa virtud tan delicada y a la vez,
tan llena de fuerza.

### Isaías 54

Es un hermoso texto que nos habla de la promesa infinita del Padre, de su amor delicado y entregado, de historia hecha en nosotros, con nosotros, para nosotros.

### Lucas 1,26-38

El texto de Lucas nos pone frente a frente a la confianza hecha carne, a ese sí pleno de María, imprescindible para que pudiera llevarse a cabo el plan de salvación del Padre misericordioso. Y a la vez nos hace preguntarnos en qué somos capaces nosotros mismos de decir sí, para que sigan realizándose los sueños que el Padre tiene sobre cada uno.

### Lucas 1,46-55: Magníficat

Estas palabras tan conocidas, que acompañan la tradición y la liturgia cristiana, y que tantas veces hemos proclamado, pueden resonarnos en este momento con una profundidad diferente si las leemos desde la profundidad del corazón de aquella mujer humilde que supo confiar y poner su vida en las manos del Padre de la misericordia, y su esperanza en la promesa de todo aquello que aún estaba por cumplir.

## Oración final

### Sugerencias para la ambientación

- Para una oración compartida, preparamos una cuna vacía o un pesebre, y una imagen de María embarazada.

### Canto: Dios te salve, María

Dios te salve María, sagrada María,
Señora de nuestro camino,
llena eres de gracia, llamada entre todas
para ser la Madre de Dios.

El Señor es contigo y tú eres la sierva,
dispuesta a cumplir su misión,
y bendita tú eres, dichosa te llaman a ti,
la escogida de Dios.

Y bendito es el fruto que crece en tu vientre,
el Mesías del pueblo de Dios
al que tanto esperamos que nazca y que sea nuestro rey.

María, he mirado hacia el cielo
pensando entre nubes tu rostro encontrar.
Y al fin te encontré en un establo,
entregando la vida a Jesús Salvador.

María, he querido sentirte
entre tantos milagros que cuentan de ti,
y al fin te encontré en mi camino
en la misma vereda que yo,
tenías tu cuerpo cansado a un Niño en los brazos,
durmiendo en tu paz...
María, mujer que regalas la vida sin fin.

Tú eres santa María, eres nuestra Señora,
porque haces tan nuestro al Señor;
Eres Madre de Dios, eres mi tierna Madre
y Madre de la humanidad.

Te pedimos que ruegues por todos nosotros,
heridos por tanto pecar;
desde hoy, y hasta el día final de este peregrinar.

María, he buscado tu imagen serena,
vestida entre mantos de luz,
y al fin te encontré dolorosa,
llorando de pena a los pies de una cruz.

María, he querido sentirte...

PABLO COLOMA, "Dios te Salve, María",
en *No hay amor más grande*, (2014).

María es la mujer humilde que ofrece la verdadera cuna de una humanidad humilde. Sus entrañas van a ser la tierra virgen que acogerá la "semilla del amor que dará el ciento por uno". Es la mujer que desde el principio sintoniza con el deseo divino, que comprende por dónde van los caminos de Dios para recobrar su obra de amor, para recuperar la criatura, objeto de su deseo, de su pasión.

"He aquí la esclava del Señor, que se cumpla en mí tu Palabra".

¡Y se cumplió en ella la Palabra! Y María será merecedora de la alabanza del Hijo, Palabra eterna del Padre, que viene a enseñarnos el camino y la obra del amor.

"Es verdaderamente dichoso quien escucha el mensaje de Dios, su Palabra y la cumple" (Lc 1,27).

### Gesto

- Escribimos en un papel aquello que queramos presentar ante esta cuna, aún vacía, pero rodeada de tantas esperanzas y horizontes. Lo depositamos en el interior de esta, pudiendo compartir en voz alta lo escrito, con la certeza de que María lo acogerá todo en su corazón.

Terminamos proclamando el Magníficat
e intercalando entre medias el canto.

### Magníficat

Proclama mi alma la grandeza del Señor,
se alegra mi espíritu en Dios, mi Salvador,
porque ha mirado la humillación de su esclava.

*Magníficat, magníficat,*
*magníficat anima mea Dominum.*

Desde ahora me felicitarán todas las generaciones,
porque el Poderoso ha hecho obras grandes por mí;
su nombre es Santo, y su misericordia llega
a sus fieles de generación en generación.

*Magníficat...*

El hace proezas con su brazo: dispersa a los soberbios
de corazón, derriba del trono a los poderosos
y enaltece a los humildes, a los hambrientos
los colma de bienes y a los ricos los despide vacíos.

*Magníficat...*

Auxilia a Israel, su siervo, acordándose
de la misericordia, como lo había prometido
a nuestros padres, en favor de Abraham
y su descendencia por siempre.

*Magníficat...*

Gloria al Padre...

JAQUES BERTHIER, "Magníficat", (música: Taizé).

## Pistas para el discernimiento

Dedicamos un tiempo más extenso para profundizar en nuestra propia vivencia personal de la humildad y la esperanza, haciéndonos conscientes de ellas, y convirtiéndolas en signos vivos y visibles en nuestro caminar cotidiano.

**La humildad cristiana** abarca distintas dimensiones:

- La verdad de lo que uno es, en lo positivo y negativo. No es humildad negar los propios valores; es orgullo atribuírnoslos.

- La conciencia radical de pecado. Sin esta luz, Dios termina siendo un derecho que se tiene y del que se usa y se abusa. Pero no es humildad la conciencia de pecado que no da paz, sino orgullo de autojustificación. La humildad se nutre del gozo de la gratuidad de la salvación.

- La evidencia de la gloria del amor que se anonadó por nosotros. Ya no es cuestión de verse en verdad, sino de anonadamiento. De aquí nace la atracción del amor hacia el último puesto, las preferencias por los humillados, etc.

**La esperanza** tiene el don de renovarlo todo:

- Sabe discernir a través de la complejidad de los acontecimientos, los signos de la presencia de Dios que nunca abandona a sus hijos.

- Pero no se deja llevar de esos falsos optimismos, con que el hombre superficial intenta engañarse a sí mismo.

- La esperanza parece la virtud de los ilusos, de los que necesitan soñar. Pero si estos sueños se apoyan en Dios, ¡veréis de lo que son capaces!

# Mi proceso espiritual

# Ser cristiano en la vida cotidiana: oración y acción

El lema del cristiano debería ser "Dios en todo".

Nuestro compromiso, vivir la unidad de vida.
Cada uno en el lugar donde le toque vivir: familia,
trabajo, amigos, vecinos, etc.

No vivir por un lado la oración, la eucaristía
o hasta la misma fe, y por otro la vida cotidiana.

Que todo sea una misma cosa: Dios en todo. Vivir
el amor que Dios pone en nuestro corazón en todo
aquello que hagamos cada día.

Pero esta unificación oración y acción es
un proceso, además de un don de Dios
que hemos de pedir, ya que solo el Señor
puede unirnos por dentro.

# Oración inicial

### Canto: Hágase

**Hágase en mí según tu Palabra,
hágase en mí según tu sueño,
hágase en mí según tú quieras,
hágase en mí tu amor.**

En la luz o en la tiniebla,
en el gozo o el dolor,
en certezas o entre dudas,
**¡hágase, Señor!**

En la riqueza o la nada,
en la guerra o en la paz,
en la fiesta o en el duelo,
**¡hágase, Señor!**

Envuelta en miedo o sosiego,
en silencio o con tu voz,
en risas o entre sollozos,
**¡hágase, Señor!**

AIN KAREM, "Hágase",
en *Según tu Palabra*, (CD).

---

### Sugerencia

○ En oración comunitaria, habrá un lector
y contestaremos lo que está en negrita.

## Salmo 40 (39),2-4; 7-10

**Aquí estoy, Señor, para hacer tu voluntad.**

Yo esperaba con ansia al Señor;
él se inclinó y escuchó mi grito;
me levantó de la fosa fatal,
de la charca fangosa afianzó mis pies
sobre roca y aseguró mis pasos;
me puso en la boca un cántico nuevo,
un himno a nuestro Dios.
Muchos al verlo quedaron sobrecogidos
y confiaron en el Señor.

**Aquí estoy, Señor, para hacer tu voluntad.**

Tú no quieres sacrificios ni ofrendas
y, en cambio, me abriste el oído;
no pides sacrificio expiatorio,
entonces yo digo: "Aquí estoy".
Como está escrito en mi libro,
"para hacer tu voluntad".
Dios mío, lo quiero,
y llevo tu ley en mis entrañas.

**Aquí estoy, Señor, para hacer tu voluntad.**

### Sugerencia

- Ponte delante del Padre y repite: "Aquí estoy". Podemos hacer eco de la frase que más nos llega al corazón del salmo.

- En oración comunitaria, a cada participación, respondemos: "Hágase tu voluntad en la tierra como en el cielo".

## Pistas para la oración

Oración y acción no deben ser dos polos a modo de quehaceres, sino una misma vida, cuyo dinamismo nace de una fuente oculta: el amor. De hecho, "ser-vuelto" al Padre es "ser-para" los hombres; y "ser-para" los hombres es envío del Padre, no una solidaridad humanista sin más.

Naturalmente, esto depende de las diversas formas de existencia cristiana. No es lo mismo una vocación contemplativa que una activa, ser padre de familia o estudiante soltero. Pero ¿quién no puede dedicar al Señor, al menos, 15 minutos?

Sin interioridad la vida se diluye en los estímulos inmediatos, superficiales.

Pero hay muchos modos de vivir la interioridad:

- Valorar la acción en su calidad humana.
- Empeño en el quehacer bien hecho desde el gozo de la creación de Dios.
- Dar a las cosas pequeñas su parte entera de amor.
- Actitud de agradecimiento a través de tantos acontecimientos...
- Valorar, especialmente, la relación interpersonal.

La unificación de oración y acción es un proceso, en el que el creyente compromete lo mejor de sí mismo. Y, sobre todo, es un don, hay que pedirlo. Percibirlo como don es la primera condición de unificación.

La fe unifica el fondo de la persona, más allá de oración y acción, desde actitudes de aceptación y confianza.

El camino y fin de la unificación es el amor. Cuando una persona está unificada, la motivación de su ser y obrar se condensa: Por Ti. Esta expresión traduce el centro dinámico de la vida, de la intimidad y de la exterioridad.

Hacerlo todo por el Señor, porque es su voluntad: dormir y trabajar, estar con Él en oración y estar pendiente de los tuyos, asistir a la asociación de vecinos y dar unas clases, barrer en casa y dar catequesis, asistir a la reunión del sindicato y celebrar la eucaristía...

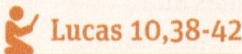

## Lucas 10,38-42

Que también, en nuestra vida cristiana, oración y acción estén siempre profundamente unidas. Una oración que no conduce a la acción concreta hacia el hermano pobre, enfermo, necesitado de ayuda, el hermano en dificultad, es una oración estéril e incompleta.

Pero, del mismo modo, cuando en el servicio eclesial se está atento solo al hacer, se da más peso a las cosas, a las funciones, a las estructuras, y se olvida la centralidad de Cristo, no se reserva tiempo para el diálogo con él en la oración, se corre el riesgo de servirse a sí mismo y no a Dios presente en el hermano necesitado.

Santo padre Francisco,
Ángelus del domingo 21 de julio de 2013.

## Lucas 5,12-16

Jesús salva; pero no obra desde sí, sino en obediencia al Padre. Por eso, se retira a orar. La misión no es suya.

Jesús actúa dando paso a la acción del Padre. Su misión es obediencia.

Jesús es el hijo que recibe la vida del Padre. Ese recibir se llama obediencia.

Ser de, ser en y ser para, en uno.

En tu oración, ¿pides que el Señor te enseñe a amar?

¿Percibes que el fruto de tu oración es el amor
al hermano?

¿Puedes separar el amor a Dios del amor
a tu prójimo?

¿Cuál es la fuente de tu acción?

¿Llevas a la oración tu vida?
¿Llevas a tu vida la oración?

¿Es el amor de Dios tu fuente?
¿O te pierdes en el activismo?

# Oración final

## Sugerencias para la ambientación

- En un corcho o en una cartulina, representamos tareas de la vida cotidiana. La Biblia y una vela. Unas tarjetas pequeñas con caras sonrientes o unos corazones.

### Canto: Tú, mi fuente

Desde tu fuente quiero beber,
quiero vivir y fuente ser por ser de ti.
Quitar de mí cualquier pensar
que al fin distraiga mi fe en ti y en tu Palabra.

**Fuente en ti, fuente por ti,
solo tú, mi fuente. (bis)**

Lo hiciste todo pensando en mí,
instando a ser lo que he de ser: vivir por ti.
Sintiendo en mi alma que tu ser Dios
habita en mí y, aunque no quiera, soy tu Palabra.

Tú me has pedido manifestar
a todo hombre que somos tú en la unidad.
Y así, al vivir esta conciencia,
seremos juntos el Dios del cielo, aquí en la tierra.

BROTES DE OLIVO, "Tú, mi fuente",
en *Desde tu fuente* (2008).

Vivir en unidad. No hacer divisiones,
ni departamentos. No soñar con grandes gestos,
ni reconocimientos. Aprender a teñir lo cotidiano,

lo pequeño, aquellos quehaceres que a veces resultan rutinarios o una carga, con ese amor que reconocemos, nos viene de Dios, que es nuestra fuente.

Agradecidos por la felicidad que encontramos al vivir dándonos a los demás, gracias al amor recibido, terminamos rezando el Padrenuestro, levantando las manos y fijándonos, sobre todo, en la petición: "Hágase tu voluntad en la tierra como en el cielo".

# Pistas para el discernimiento

### Dramática del reino

En los evangelios sinópticos, después de un tiempo de actividad mesiánica, hay una sección en la que Jesús se centra en enseñar la sabiduría del reino a los discípulos.

En **Mateo 13,1-16** encontramos algunas claves:

- Que no nos hagamos ilusiones sobre los resultados del reino.
- Que vivamos de la fe en el Padre, no de nuestros deseos.
- Que seamos pacientes con la fuerza del mal.
- Que seamos perseverantes en las dificultades.
- Que vigilemos las motivaciones del propio corazón.
- Que contemos con no ser entendidos.
- Que no busquemos éxitos fáciles.
- Que el Evangelio siempre encuentra discípulos verdaderos, con frecuencia donde no lo esperamos.

Una propuesta de oración:

1. Ponte en presencia de Jesús, dejándote mirar por él. Te pregunta: ¿Qué es para ti el reino: el símbolo de una causa noble, proyección de tus deseos ideales, o el proyecto de Abbá, que tienes que aprender a realizar a su modo, no al tuyo?

2. Mira dentro de ti; la conexión vital con el Mesías Jesús se da en la actitud de obediencia al Padre. Sin esta no hay reinado de Dios.

3. Mira aquella tarea que tú consideras el signo más claro del reino en tu vida ordinaria. ¿Desde dónde la realizas?

4. Termina la oración con el padrenuestro, muy unido a Jesús. Es la oración del reino, que nos transforma el corazón según el reino.

# Mi proceso espiritual

# 5

# Ser cristiano en la vida cotidiana: eficacia y sufrimiento

Cierta espiritualidad más tradicional
se ha concentrado en el sufrimiento
y la resignación como claves de la aceptación
de la voluntad de Dios (todo viene de Dios).

También hemos vivido una espiritualidad
de la eficacia a través del llamado "compromiso
cristiano" (hacer, hacer), queriendo, a veces,
obtener frutos inmediatos y ocultando en este
compromiso la no aceptación de nuestras
limitaciones.

# Oración inicial

## Salmo 18 (17)

Yo te amo, Señor, mi fortaleza.
Eres mi peña, mi alcázar, mi libertador.
Tú, la roca en quien me refugio.
Tú, mi fuerza salvadora, mi baluarte...

En el peligro te invocaba,
te pedía auxilio de noche y de día.
En el templo de la vida, tenía mi súplica ante tus ojos.
Mi grito de socorro llegaba a tus oídos.
Como un toldo, me envolvía la angustia.
Había un soberano aguacero y nubes espesas,
caían granizo y centellas.
Todo era impresionante: el rugido del mar,
el bramido de los vientos...

Tenía miedo, Señor, Dios mío.
El Señor fue mi apoyo y lo es siempre,
me libró porque me amaba,
me sacó a campo abierto y despejado.
Confié en Ti, Señor, contra viento y marea. Y confío.
Tú eres leal. Hoy y siempre.
Tú eres fiel. Tu fidelidad me envuelve.
Tú no abandonas la obra de tus manos.
Tú enciendes mi lámpara y alumbras mis tinieblas.

¿Quién es como Tú, Señor Dios mío?
¿Quién es Roca fuera de Ti, Señor?
Tú me ciñes de valor.
Tú haces íntegros mis caminos.
Tú me aligeras los pies.
Tú adiestras mis manos.

¡Viva el Señor! y ¡Bendita sea mi Roca!
Te daré gracias, por siempre, Señor, Dios mío.

Podemos hacer eco de alguna parte del salmo que haya tocado más nuestro interior.

**Canto: Mantén mi corazón entero**

Mantén mi corazón entero y libre
en el amor a ti y a los hermanos.
Entero y libre en el amor,
en el amor a ti y a los hermanos.
Mantén mi corazón desnudo y fuerte...
Mantén mi corazón abierto y limpio...
Mantén mi corazón cercano y grande...

CARMEN CAÑADA,
"Mantén mi corazón entero",
en *Armonía*. Plegaria 3.

## Pistas para la oración

El criterio de eficacia y sufrimiento nos viene dado a los creyentes por la praxis evangélica de Jesús:

- Eficacia, sí; pero la que viene del Espíritu.

  **Lucas 4,18-28:** El Espíritu Santo está sobre mí.

  **Lucas 12,49-53:** He venido a traer fuego.

  Jesús habla del fuego del Espíritu Santo que está ardiendo dentro de ti y transforma tu vida, aunque a veces sea causa de divisiones y actitudes encontradas.

  ¿Es este fuego el que guía mi vida, el que guía mis acciones?

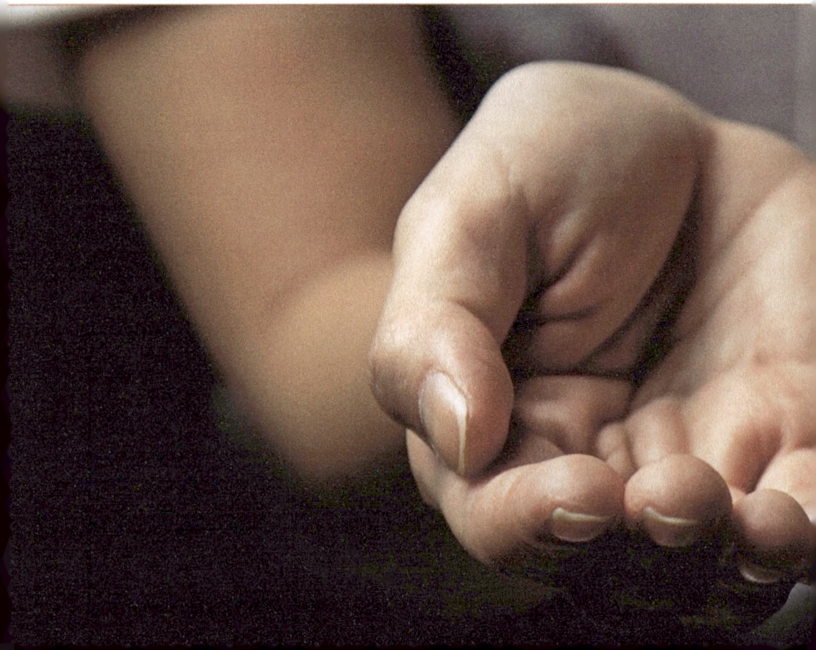

- Lucha, sí; pero valorando más la obediencia al Padre, incluso mediante el fracaso.

  **Marcos 14,32-36:** Jesús ora en soledad.

  Aceptación y angustia ante el sufrimiento. Pero hágase tu voluntad. Se entrega a las manos del Padre.

  El discernimiento es qué quiere Dios de mí en cada momento.

- Eficacia del amor, sin armas, sin juego sucio, con entrega incondicional.

  **Lucas 23,8-9:** El silencio de Jesús.

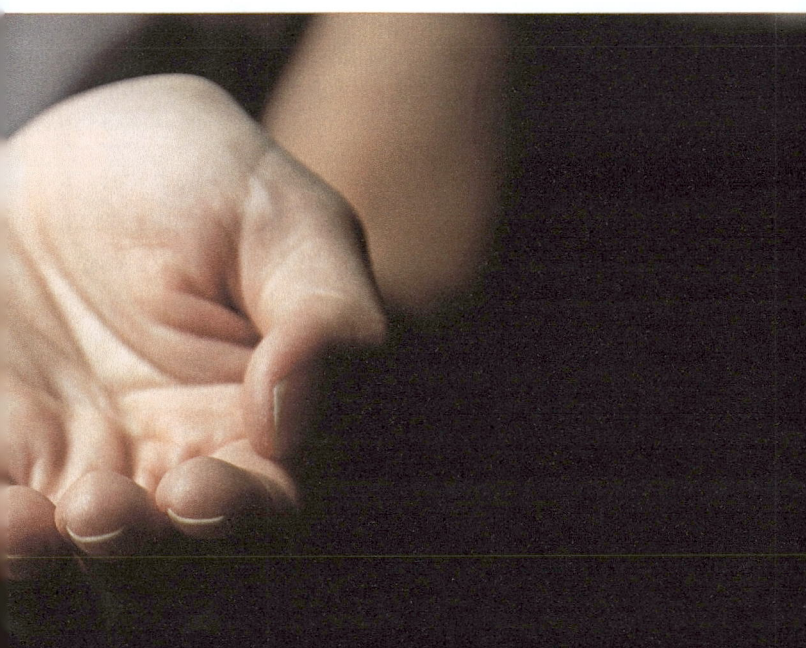

# Oración final

## Sugerencias para la ambientación

- Una imagen que nos sugiera el binomio eficacia y sufrimiento, o la actitud de aceptación o de obediencia.

### Canto: En tus manos hay respuesta de ternura

En tus manos hoy ponemos nuestras esperanzas,
en tus manos hay respuesta de ternura y gracia.

En tus manos hoy ponemos nuestro amor de hermanos,
en tus manos hay respuesta de ternura y gracia.

En tus manos hoy ponemos nuestros sufrimientos,
en tus manos hay respuesta de ternura y gracia.

En tus manos hoy ponemos la vida de todos,
en tus manos hay respuesta de ternura y gracia.

CARMEN CAÑADA, "En tus manos
hay respuesta de ternura", en *Dentro*, (CD).

¡Cuánto nos cuesta entender esta manera de hacer las cosas que tiene Dios! Cuestionamos, no queremos ver, nos rebelamos... Y sin embargo, nuestro corazón sabe que todo pasa por aceptar, desde nuestra propia libertad, y aprender suavemente a preguntarnos cada día cual es la voluntad de Dios para cada uno de nosotros. Cuál es el sueño que tiene para mí.

Este tiempo de oración quizá nos haya ayudado a aceptar un poco más nuestras resistencias, y ser un poco más conscientes de cómo vivimos.

Podemos, ahora, seguir poniendo nuestro corazón
a la escucha, y ver cómo resuena con este poema
de santa Teresa, y observar qué se produce en nosotros
al escuchar estas palabras: "Tuya soy, para ti nací".

## Vuestra soy, para vos nací

Vuestra soy, para vos nací,
¿qué mandáis hacer de mí?

Soberana Majestad,
Eterna Sabiduría,
bondad buena al alma mía,
Dios, alteza, un ser, bondad,
la gran vileza mirad
que hoy os canta amor así.
¿Qué mandáis hacer de mí?

Vuestra soy, pues me criastes;
vuestra, pues me redimistes;
vuestra, pues que me sufristes;
vuestra, pues que me llamastes;
vuestra, porque me esperastes;
vuestra, pues no me perdí.
¿Qué mandáis hacer de mí?

Veis aquí mi corazón,
yo le pongo en vuestra palma,
mi cuerpo, mi vida y alma
mis entrañas y afición;
Dulce Esposo y redención,
pues por vuestra me ofrecí.
¿Qué mandáis hacer de mí?

Dadme muerte, dadme vida,
dad salud o enfermedad,
honra o deshonra me dad,
dadme guerra o paz crecida,
flaqueza o fuerza cumplida,
que a todo digo que sí.
¿Qué mandáis hacer de mí?

Dadme riqueza o pobreza,
dad consuelo o desconsuelo,
dadme alegría o tristeza,
dadme infierno o dadme cielo,
vida dulce, sol sin velo,
pues del todo me rendí.
¿Qué mandáis hacer de mí?

Si queréis, dadme oración,
si no, dadme sequedad,
si abundancia y devoción,
y si no, esterilidad.
Soberana Majestad,
solo hallo paz aquí.
¿Qué mandáis hacer de mí?

Dadme, pues, sabiduría,
o por amor, ignorancia;
dadme años de abundancia,
o de hambre y carestía;
dad tiniebla o claro día,
revolvedme aquí o allí.
¿Qué mandáis hacer de mí?

Si queréis que esté holgando,
quiero por amor holgar.
Si me mandáis trabajar,
Morir quiero trabajando.

Decid, ¿dónde, cómo y cuándo?
Decid, dulce Amor, decid.
¿Qué mandáis hacer de mí?

Dadme Calvario o Tabor,
desierto o tierra abundosa.
Sea Job en el dolor,
o Juan que al pecho reposa;
sea viña fructuosa
o estéril, si cumple así.
¿Qué mandáis hacer de mí?

Esté callando o hablando,
haga fruto o no le haga,
muéstreme la Ley mi llaga,
goce de Evangelio blando;
esté penando o gozando,
sólo Vos en mi vivid.
¿Qué mandáis hacer de mí?

Vuestra soy, para vos nací,
¿qué mandáis hacer de mí?

Santa Teresa de Jesús

Al finalizar, podemos expresar, simplemente con una palabra del poema, lo que a nuestro corazón desborda.

Terminamos rezando el Padrenuestro.

### Gesto

• En oración comunitaria, rezamos el Padrenuestro con las manos abiertas y hacia adelante, en actitud de pedir al Padre.

## Pistas para el discernimiento

Dios quiere una acción eficaz, lo vemos en los Evangelios al observar el comportamiento de Jesús. La voluntad salvadora de Dios se muestra en la lucha contra los poderes que tienen sometido al hombre, desde las calamidades físicas hasta las esclavitudes morales.

El problema comienza cuando la eficacia es vivida en función de ciertas expectativas:

- Cuando la eficacia quiere frutos inmediatos.
- Cuando se centra en algunos aspectos controlables, como los sociopolíticos, y no tiene en cuenta al hombre en su integridad.
- Cuando el compromiso oculta la no-aceptación de la finitud.

También el sufrimiento, sin una lucha real por mejorar la condición humana, se hace problemático:

- Cuando oculta el miedo al conflicto.
- Cuando se debate entre una imagen idealizada de la felicidad y su contrario, una imagen del todo negativa y resignada de las posibilidades del hombre.
- Cuando se hace de la Providencia una justificación de mi situación.

No es fácil la síntesis, porque es fruto de un proceso de confrontación constante de la fe con la voluntad de Dios a través de la realidad. La vida no se puede sistematizar: igual te lleva a provocar conflictos de consecuencias imprevisibles como a asumir la injusticia esperando mejor momento.

El criterio de eficacia y sufrimiento viene dado, como ya hemos visto, por la praxis evangélica de Jesús:

Eficacia, sí, pero con espíritu de desapropiación.

Lucha, sí, pero valorando más la obediencia al Padre, incluso mediante el fracaso.

Eficacia del amor, sin armas, sin juego sucio, con entrega incondicional.

Pregúntate en qué situaciones estás viviendo la dinámica de eficacia y sufrimiento e intenta discernir.

# Mi proceso espiritual

**6**

# Ser cristiano en la vida cotidiana: soledad y comunión

Nos disponemos a contemplar a Jesús: él vive como nadie el drama de la soledad más radical, abandonado de todos, también de su Padre.

Y a la vez experimenta y expresa el amor más sublime, al que nos invita, y en el que nos introduce.

En esta ocasión, nuestra oración se centra en la soledad y la comunión. El cristiano no está nunca solo. Su soledad es una soledad habitada.

Cuando Dios toma la iniciativa en la vida de un creyente, y su amor comienza a ocupar el corazón, da una conciencia nueva de sí a la persona, que lleva a transformar toda su existencia y lo introduce en la comunión con Dios y con los hermanos.

# Oración inicial

## Proclamación del evangelio de Juan 15,9-11

Como el Padre me amó, yo también os he amado
a vosotros; permaneced en mi amor.
Si guardáis mis mandamientos, permaneceréis
en mi amor, como yo he guardado los
mandamientos de mi Padre, y permanezco
en su amor.
Os he dicho esto, para que mi gozo esté
en vosotros, y vuestro gozo sea colmado.

## Salmo 42 (41),1-6

Como busca la cierva corrientes de agua,
así mi alma te busca a ti, Dios mío.
Mi alma tiene sed de Dios, del Dios vivo:
¿Cuándo iré y contemplaré la faz de Dios?

Las lágrimas son mi pan, noche y día,
mientras todo el día me repiten:
¿dónde está tu Dios?

Recuerdo otros tiempos
y desahogo mi alma conmigo:
cómo entraba en el recinto santo,
cómo avanzaba hacia la casa de Dios,
entre cantos de júbilo y alabanza,
en el bullicio de la fiesta.

*¿Por qué te acongojas, alma mía,*
*por qué gimes dentro de mí?*
*Espera en Dios, que volverás a alabarlo:*
*"Salud de mi rostro, Dios mío".*

Nos situamos en esa necesidad de amor, acompañada de una soledad siempre habitada, y acogemos lo que el salmo hace resonar en nuestro interior.

# Pistas para la oración

Contemplando a Jesús aprendemos cómo se compaginan la soledad y la solidaridad, la pertenencia al Padre y la comunión con los demás.
Al sentir nuestra soledad habitada, con temor y temblor, comenzamos a entender a Jesús por dentro.

 **Juan 6,51-52 y Juan 6,67-69**

La invitación de Jesús a vivir en comunión con él escandaliza a los discípulos y también a nosotros. De manera que Jesús nos interpela:
"¿También vosotros queréis marcharos?".

 **Lucas 22,39-46**

Durante la Cuaresma, acompañamos a Jesús y descubrimos cómo en Getsemaní experimenta la soledad más radical, el abandono de todos y el fracaso de su misión. No solo vive la soledad absoluta, sino que asume toda la oscuridad, el miedo y el sinsentido del mundo. Soledad radical que llega a su culmen con la muerte en la cruz. En su cruz nos encontramos todos.

 **Juan 17,21-26**

¿Qué es esto, Dios mío, qué es esto?

- ¿Que el mismo amor con el que se aman el Padre y el Hijo y el Espíritu Santo es el amor con el que Jesús nos ama? Sí.
- ¿Que la gloria con la que Jesús glorifica al Padre es la que comunica a los discípulos? Sí.
- ¿Que la comunión del amor mutuo de los discípulos es el fruto de la hora? Sí.
- ¿Que esa unidad es el fin de ser discípulos de Jesús? Sí.
- ¿Que la misión solo es posible si mantienen esa unidad? Sí.

## Oración final

### Sugerencias para la ambientación

- Una cepa o una imagen o dibujo de esta, o unos racimos de uva. Una imagen de Jesús.

### Proclamación del evangelio de Juan 15

Yo soy la vid verdadera y mi Padre es el viñador.

Los sarmientos que en mí no dan fruto los arranca; los que dan fruto los poda, para que den aún más fruto.

Vosotros ya estáis limpios por la Palabra que os he dicho.

Permaneced en mí y yo en vosotros. Como el sarmiento no puede dar fruto por sí solo, si no permanece en la vid, tampoco vosotros, si no permanecéis en mí.

Yo soy la vid, vosotros los sarmientos: quien permanece en mí y yo en él dará mucho fruto; pues sin mí no podéis hacer nada.

Si uno no permanece en mí, lo tirarán afuera como el sarmiento y se secará: los recogen, los echan al fuego y se queman.

Si permanecéis en mí y mis palabras permanecen en vosotros, pediréis lo que queráis y os sucederá.

Mi Padre será glorificado si dais fruto abundante
y sois mis discípulos.

Como el Padre me amó así yo os he amado:
permaneced en mi amor.

Si cumplís mis mandamientos, permaneceréis
en mi amor; lo mismo que yo he cumplido los
mandamientos de mi Padre y permanezco en su amor.

Os he dicho esto para que participéis de mi alegría
y vuestra alegría sea colmada.

Este es mi mandamiento: que os améis unos a otros
como yo os amé.

Nadie tiene amor más grande que el que da la vida
por los amigos.

Vosotros sois mis amigos si hacéis lo que yo os mando.

Ya no os llamo siervos porque el siervo no sabe
lo que hace el amo.

A vosotros os he llamado amigos porque os
comuniqué cuanto escuché a mi Padre.

No me elegisteis vosotros; yo os elegí y os destiné
a ir y dar fruto, un fruto que permanezca; así,
lo que pidáis al Padre en mi nombre os lo concederé.

Esto es lo que os mando, que os améis unos a otros.


¿Qué decir después de escuchar la profundidad de este
amor entregado?

Quizá solamente, reconocer nuestra limitación para
intentar siquiera, responder.

Quizá pedir, la ayuda del Padre, para poder estar a la altura del corazón de su Hijo.

Quizá, procurar poner la intención en ser algo tan humilde como una hoja, que sin la savia del tronco no es nada.

### Gesto

- Para una oración comunitaria, preparamos unas hojas de vid (reales, dibujadas, una fotografía...). Cada persona puede expresar brevemente algo de lo que le ha suscitado el evangelio proclamado o la oración previa, y coger una de las hojas que estarán unidas a una viña, o al icono de Jesús, como símbolo de nuestro ser discípulos.

## Canto: Quiero estar a tu lado, Señor

Quiero estar a tu lado, Señor. (3 veces)

Pon tu pan en mis manos, Señor. (3 veces)

Lléname con tu fuerza, Señor. (3 veces)

Yo te adoro y te amo, Señor. (3 veces)

Quédate con nosotros, Señor. (3 veces)

CARMELO ERDOZÁIN, "Quiero estar a tu lado, Señor", en *16 cantos para la misa* (1985).

## Pistas para el discernimiento

¿Con Pablo podemos decir: "Ya no vivo yo, es Cristo quien vive en mi"? (Gal 2,20).

¿En mi vida cristiana descubro que?:

- Jesús es más íntimo a mí que yo mismo.
- Sin Jesús, nada.
- Permanecer equivale a ser habitado.
- Ser habitado equivale al amor de pertenencia y obediencia.
- La misión depende de este amor de Jesús.
- La iniciativa de este amor es suya.
- Esta unión con Jesús se verifica en el amor a los hermanos.
- No se dispone de este amor, amenazado siempre por nuestro pecado.

# Mi proceso espiritual

**7**

# Ser cristiano en la vida cotidiana: gozo y desapego

Es tiempo de Pascua y queremos que el anuncio
de la resurrección de Jesús nos ensanche
el corazón a la medida del amor de Dios. Para
comenzar, dejamos que resuene muy adentro
el eco del aleluya pascual y saboreamos,
con el salmo 117, la alegría de la resurrección.

Jesús Resucitado es nuestra mayor fuente de gozo.
Dejemos que nos salga al encuentro y nos regale
su paz.

# Oración inicial

## Sugerencias para la ambientación

- Preparamos unos paquetes de regalo, que simbolizan los dones que hemos recibido, que Dios mismo nos ha regalado.

### Canto: Este es el día en que actuó el Señor

Este es el día en que actuó el Señor;
sea nuestra alegría y nuestro gozo.

Dad gracias al Señor porque es bueno,
porque es eterna su misericordia.

¡Aleluya, aleluya!

Música: Miguel Manzano,
Salmo 117 (tradicional).

---

### Sugerencia

- En caso de oración comunitaria, podemos hacer el salmo a dos coros con la antífona: "Cristo, una vez resucitado de entre los muertos, ya no muere más. Aleluya".

---

## Salmo 118 (117)

Dad gracias al Señor porque es bueno,
porque es eterna su misericordia.

Diga la casa de Israel:
eterna es su misericordia.
Diga la casa de Aarón:
eterna es su misericordia.
Digan los fieles del Señor:
eterna es su misericordia.

En el peligro grité al Señor,
y me escuchó, poniéndome a salvo.
El Señor está conmigo: no temo;
¿qué podrá hacerme el hombre?
El Señor está conmigo y me auxilia,
veré la derrota de mis adversarios.

Mejor es refugiarse en el Señor
que fiarse de los hombres,
mejor es refugiarse en el Señor
que confiar en los magnates.

El Señor me ayudó;
el Señor es mi fuerza y mi energía,
Él es mi salvación.

Escuchad: hay cantos de victoria
en las tiendas de los justos:
"La diestra del Señor es poderosa,
la diestra del Señor es excelsa".

No he de morir, viviré
para contar las hazañas del Señor.
Abridme las puertas del triunfo,
y entraré para dar gracias al Señor.
Esta es la puerta del Señor:
los vencedores entrarán por ella.

Te doy gracias porque me escuchaste
y fuiste mi salvación.
La piedra que desecharon los arquitectos
es ahora la piedra angular.
Es el Señor quien lo ha hecho,
ha sido un milagro patente.

Este es el día en que actuó el Señor:
sea nuestra alegría y nuestro gozo.
Señor, danos la salvación;
Señor, danos prosperidad.

Bendito el que viene en nombre del Señor,
os bendecimos desde la casa del Señor;
el Señor es Dios: Él nos ilumina.
Ordenad una procesión con ramos
hasta los ángulos del altar.

Tú eres mi Dios, te doy gracias;
Dios mío, yo te ensalzo.
Dad gracias al Señor porque es bueno,
porque es eterna su misericordia.

Gloria al Padre, al Hijo y al Espíritu Santo,
como era en el principio ahora y siempre
por los siglos de los siglos. Amén.


El tema de este encuentro es **gozo y desapego**.

Hemos comenzado escuchando el aleluya y rezando
el salmo que la Iglesia reza el día de Pascua de
Resurrección para hacer presente el gozo que nos trae
Jesús Resucitado.

Jesús, representado en el cirio pascual, es el mayor de estos dones. Si somos capaces de liberarnos de todo aquello que nos aparta de vivir la vida como don, viviremos el verdadero gozo cristiano.

Así, veamos si nuestra fe es lo que da sentido a nuestra existencia, si estamos dispuestos cada mañana a estrenar la vida que el Señor nos regala y si somos capaces de vivir en nuestra vida cotidiana el gozo que nos trae Jesús Resucitado.

¿Cuál es el centro de nuestra existencia? ¿Dónde ponemos nuestros afectos?

## Pistas para la oración

La fe no anula el gozo de la existencia. Lo potencia. Pero también nos ayuda a desenmascarar esas situaciones de la vida que pueden parecer placenteras, pero solo son banalidades que nos alejan del verdadero gozo cristiano.

Por eso, gozo y desapego no se oponen. Necesitamos liberarnos de las ansiedades posesivas que tantas veces son el centro de nuestra vida: bienes materiales, personas, perfeccionismo...

Hemos de darnos cuenta de que todo es don: los bienes de consumo, la cultura, la ternura, la fidelidad, la justicia, la fe, la Palabra, Dios mismo. El desapego radical está en recibirlo todo como don. Y también, la fuente de todo gozo.

La historia entera del hombre ha de hacerse sabiduría que discierne gozos y desapegos. La alegría de los 20 años está ligada a la vitalidad y al optimismo del futuro. A los 60, la vida nos ha desasido progresivamente de casi todo. No será poca gracia del Señor haber mantenido el gozo interior. ¡Ojalá el desapego sea talante, porque hemos aprendido a buscar al Señor en todo!

El gozo crece hacia dentro, al ritmo del amor desinteresado. De lo contrario, terminará por ser destruido por la angustia de la muerte.

Hay un desapego por amor, el del discípulo
que ha hecho de la cruz la fuente de su alegría.

La Resurrección de Jesús nos pone al alcance
la plenitud del gozo. Él es la respuesta última,
lo fue en su tiempo para los discípulos y lo sigue
siendo hoy para mí. ¿Soy consciente de que Jesús
es la manera definitiva en que Dios me ama?

 **Salmo 127 (126),1-2**

¿Le dejo al Señor que construya mi vida?
¿Qué me estoy empeñando en construir sin contar
con Él?

 **Mateo 6,25-34**

Tan simple como confiar. Escandalosa confianza,
que desenmascara nuestra falta de fe. ¿Es así como,
realmente, Dios nos cuida? ¡Qué Dios tan Padre!

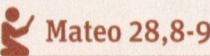

## Mateo 28,8-9

"Alegraos", les dice el Señor Resucitado, la misma palabra con que el ángel saludó a María: Alégrate, llena de gracia, el Señor está contigo.

Esa es la razón de la alegría que nada ni nadie me podrá arrebatar, la alegría del encuentro con Jesús lleno de vida. ¿Mi vida expresa esta alegría del encuentro con él?

## Efesios 4,22-24

El Señor, el Viviente que da vida y transforma la muerte y los sepulcros, nos ha hecho hombres nuevos. ¿Esta noticia me llena de gozo?

## Oración final

### Sugerencias para la ambientación

- Podemos usar los regalos que en la oración inicial habíamos preparado. Una imagen de Cristo Resucitado y el cirio Pascual.

**Canto: ¡Aleluya, aleluya, aleluya!**

**Aleluya, aleluya, ¡aleluya! (2)**

¡El Señor resucitó! ¡Aleluya!
Cantad todos llenos de alegría.
¡Demos gracias a nuestro Dios!

María alentó nuestra fe. ¡Aleluya!
Y el Señor confirmó su esperanza.
¡Demos gracias a nuestro Dios!

Magdalena lo anunció. ¡Aleluya!
El Señor la hizo su testigo.
¡Demos gracias a nuestro Dios!

Gritad, danzad, proclamad. ¡Aleluya!
Se rompieron nuestras cadenas.
¡Demos gracias a nuestro Dios!

AIN KAREM,
"¡Aleluya, aleluya, aleluya!",
en *Busca mi rostro*, (CD).

## Lectura de Juan 21,1-14

Jesús se apareció otra vez a los discípulos junto al lago de Tiberíades. Y se apareció de esta manera: Estaban juntos Simón Pedro, Tomás apodado el Mellizo, Natanael el de Caná de Galilea, los Zebedeos y otros dos discípulos suyos. Simón Pedro les dijo:

—Me voy a pescar.

Ellos contestaron:

—Vamos también nosotros contigo.

Salieron y se embarcaron; y aquella noche no pescaron nada. Estaba ya amaneciendo, cuando Jesús se presentó en la orilla; pero los discípulos no sabían que era Jesús.

Jesús les dijo:

—Muchachos, ¿tenéis pescado?

Ellos contestaron:

—No.

Él les dijo:

—Echad la red a la derecha de la barca y encontraréis.

La echaron, y no tenían fuerzas para sacarla, por la multitud de peces. Y aquel discípulo que Jesús tanto quería le dijo a Pedro:

—Es el Señor.

Al oír que era el Señor, Simón Pedro, que estaba desnudo, se ató la túnica y se echó al agua. Los demás discípulos se acercaron en la barca, porque no distaban de tierra más que unos cien metros, remolcando la red con los peces.

Al saltar a tierra, ven unas brasas con un pescado puesto encima y pan. Jesús les dijo:

–Traed de los peces que acabáis de pescar.

Simón Pedro subió a la barca y arrastró hasta la orilla la red repleta de peces grandes: ciento cincuenta y tres. Y aunque eran tantos, no se rompió la red. Jesús les dijo:

–Vamos, almorzad.

Ninguno de los discípulos se atrevía a preguntarle quién era, porque sabían bien que era el Señor. Jesús se acercó, tomó el pan y se lo dio, y lo mismo el pescado. Esta fue la tercera vez que Jesús se apareció a los discípulos, después de resucitar de entre los muertos.

Leemos la oración, expresión de que nuestra alegría está en el don del Resucitado, y que solo en la confianza en Él encontramos el verdadero gozo.

### Echa las redes

Desde que Tú te fuiste,
no hemos pescado nada.
Llevamos veinte siglos
echando inútilmente
las redes de la vida,
y entre sus mallas
solo pescamos el vacío.
Vamos quemando horas

y el alma sigue seca.
Nos hemos vuelto estériles
lo mismo que una tierra
cubierta de cemento.
¿Estaremos ya muertos?
¿Desde hace cuántos años no nos hemos reído?
¿Quién recuerda la última vez que amamos?

Y una tarde Tú vuelves y nos dices:
"Echa la red a tu derecha,
atrévete de nuevo a confiar,
abre tu alma,
saca del viejo cofre
las nuevas ilusiones,
dale cuerda al corazón,
levántate y camina".
Y lo hacemos solo por darte gusto.
Y, de repente, nuestras redes rebosan alegría,
nos resucita el gozo
y es tanto el peso de amor
que recogemos
que la red se nos rompe cargada
de ciento cincuenta esperanzas.
¡Ah, Tú, fecundador de almas: llégate a nuestra orilla,
camina sobre el agua
de nuestra indiferencia,
devuélvenos, Señor, a tu alegría!

José Luis Martín Descalzo

- En oración compartida, podemos repartir unas tarjetas con forma de regalo, y en la parte trasera que lleven escritos distintos dones que Dios nos regala. En voz alta podemos expresar el agradecimiento que sentimos por el don recibido desde Cristo Resucitado.

Finalizamos con el Padrenuestro.

# Pistas para el discernimiento

El don de Cristo Resucitado.

A veces vivimos en paz, pero solo Él es nuestra paz.

A veces vivimos la amistad, pero solo Él es el amor.

A veces vivimos la alegría, pero solo Él es el gozo.

A veces vivimos la familia,
pero solo Él es la comunión.

A veces buscamos bienes,
pero solo Él es la plenitud de nuestro corazón.

A veces aprendemos cosas, pero solo Él es la verdad.

A veces tenemos ilusión, pero solo Él es la esperanza.

A veces avanzamos hacia un objetivo,
pero solo Él es el camino.

A veces conseguimos desconectar,
pero solo en Él encontramos descanso.

Tenemos dones, pero Él es nuestro don.
Es nuestra vida.

# Mi proceso espiritual

# Ser cristiano en la vida cotidiana: mundo e Iglesia

El cristiano está llamado a ser Iglesia;
pero la Iglesia no existe para sí misma,
sino para el mundo que Dios ama y quiere salvar.

El modo de insertarse en la Iglesia y el mundo varía según los carismas y vocaciones. Nos preguntamos ahora sobre nuestro lugar en particular, buscando siempre lo que Dios quiere para cada uno de nosotros. Un Dios que nos llama por nuestro nombre.

# Oración inicial

## Sugerencias para la ambientación

- Una pila bautismal o una imagen de esta. Tarjetas o papeles pequeños.

### Canto: Cristo, alegría del mundo

Cristo, alegría del mundo,
resplandor de la gloria del Padre.
¡Bendita la mañana
que anuncia tu esplendor al universo!

En el día primero,
tu resurrección alegraba
el corazón del Padre.
En el día primero,
vio que todas las cosas eran buenas
porque participaban de tu gloria.

La mañana celebra
tu resurrección y se alegra
con claridad de Pascua.
Se levanta la tierra
como un joven discípulo en tu busca,
sabiendo que el sepulcro está vacío.

En la clara mañana,
tu sagrada luz se difunde
como una gracia nueva.

Que nosotros vivamos
como hijos de luz y no pequemos
contra la claridad de tu presencia.

L. ELIZALDE, "Cristo, alegría del mundo",
en *Cantos para la misa-Repertorio básico*. Vol. IV,
(casete). Discoteca Pax (1989).

## Proclamación del evangelio de Juan 15,16-17

No me elegisteis vosotros; yo os elegí y os destiné a ir y dar fruto, un fruto que permanezca; así, lo que pidáis al Padre en mi nombre os lo concederé:

Esto es lo que os mando, que os améis unos a otros.

Recordamos nuestro bautismo como momento de inserción en la comunidad eclesial. Cuando fuimos llamados por nuestro nombre a formar parte del Pueblo de Dios, de su Iglesia.

### Gesto

- Ponemos en una tarjeta nuestro nombre. Podemos depositarlo en la pila bautismal, o sobre una imagen que tengamos de la misma.

### Canto: Agua, lávame

Agua, lávame, purifícame,
dame agua, tu Espíritu,
agua, lávame.

BROTES DE OLIVO, "Agua, lávame",
en *Dame vida*, (CD, 1990).

## Pistas para la oración

El punto de partida es la siguiente pregunta:

¿Cuál es mi sitio en la Iglesia?

¿Cuál es mi sitio como cristiano en el mundo, el que Dios quiere para mí?

Hay dos momentos de respuesta:

- El primero se refiere a mi vocación y servicio en el conjunto del Cuerpo de Cristo.

- El segundo es eminentemente personal, y solo se me da a posteriori, y normalmente, tarde, después de obediencia sufrida. Él suele llevar a ese sitio único para el que fui creado, conmigo y contra mí.

A veces te obliga a hacer opciones especiales. Otras, dentro de un estado de vida, te da una conciencia particular de tu sitio.

No hace falta saberlo explícitamente. Lo que importa es dejarse llevar en obediencia.

La madurez de la fe está en relación directa con el sentido de Iglesia que tenemos, sin el cual toda misión es vana y toda experiencia de Dios, ilusión.

Tanto la Iglesia como el mundo están bajo el juicio del Evangelio y de Jesús, su Señor. Por eso, creer solo se cree en Dios y se espera su reino.

## 1 Corintios 12

La lectura de Corintios nos adentra en el misterio de la generosidad del Padre con nosotros, haciéndonos conscientes de que a todos nos ha hecho entrega de un don, y por el Espíritu, todos recibimos el regalo de ser parte del cuerpo de la Iglesia.

Oramos con ella y pedimos la gracia de hacer consciente cual es el don entregado a cada uno de nosotros y la ayuda para ponerlo al servicio de la construcción del reino.

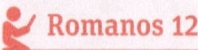

### Romanos 12

Texto que deja constancia de la riqueza con la que el Padre nos reviste: muchos servicios, muchos dones, todos necesarios. Es responsabilidad nuestra el ponerlos en servicio, desde la mirada comunitaria y fraterna. Cualidades y carismas puestos en común para la construcción del reino.

### Hechos 2,41-47

Sumario que nos cuenta los inicios y vida cotidiana de las primeras comunidades cristianas, donde la fe arraiga con fuerza, y se van asentando los primeros cimientos de la Iglesia. Comunidad, servicio, fraternidad y alegría.

# Oración final

## Sugerencias para la ambientación

- La misma pila bautismal que en la oración inicial. Si es oración grupal, tendremos preparadas unas tarjetas con la cita de Juan 20,21, en las que, previamente, habremos pegado por detrás el papel del inicio, con el nombre de cada uno de los participantes.

Mi lugar en la Iglesia. Todos tenemos el nuestro. Tan solo es cuestión de encontrarlo. Es una de las maneras de construir reino. Entre todos, en comunidad, en el lugar que Jesús nos dejó para darnos, para darse, para poder dar gloria al Padre.

Conscientes de la importancia de sabernos parte de ella, a pesar de saberla pecadora, escuchamos ahora el prefacio litúrgico, que con palabras tan bellas nos invita desde la eucaristía a sentirnos miembros.

## La Iglesia de nuestro consuelo

En verdad es justo y necesario,
es nuestro deber y salvación,
es nuestro consuelo, Padre Santo,
que te demos gracias por tu Hijo amado
y el don de la Iglesia.

Porque ella es la morada de tu Espíritu,
la Esposa Santa e Inmaculada,
cuyo corazón intacto
celebra tu amor infinito,
manifestado en Jesús muerto y resucitado.

Ella es la virgen madre,
que acoge tu Palabra con fe íntegra,
cuando yo dudo y me rebelo.

Ella es mi respuesta humilde
y total a tu Gracia,
pues la fe de María es mía,
y la confesión de Pedro es mía.

Y la alegría del pobre Francisco es mía,
y las obras de misericordia
de Vicente de Paúl son mías,
y la bondad del papa Francisco es mía...

(Nombramos santos, anónimos o conocidos,
que han aportado algo a la Iglesia,
al mundo o a nuestra vida).

Todo lo tuyo es mío,
y la Iglesia es mía.

Por eso,
en unión con mis hermanos del cielo
y los muertos en tu corazón, Padre,
y todos los que caminamos hacia Ti,
y todas las criaturas del universo,
teniendo a Jesús por Mediador Único,
tu Hijo amado,
te adoramos, te bendecimos
y te proclamamos,
desbordantes de gozo y consuelo:

### Canto: Santo

Santo, Santo, Santo es el Señor, Dios del Universo.

Llenos están el cielo y la tierra de tu gloria,
hosanna en el cielo.

Bendito el que viene en nombre del Señor,
hosanna en el cielo.

CARMELO ERDOZAIN, "Santo",
en *Cerca está el Señor*, (casete),
Ediciones Paulinas (1978).

## Proclamación del evangelio de Juan 20,19-23

Al atardecer de aquel día, el primero de la semana,
estaban los discípulos con las puertas bien cerradas,
por miedo a los judíos.

Llegó Jesús, se colocó en medio y les dice:

–Paz a vosotros.

Dicho esto, les mostró las manos y el costado. Los
discípulos se alegraron al ver al Señor.

Jesús repitió:

–Paz a vosotros. Como el Padre me envió, así os envío a vosotros.

Dicho esto, sopló sobre ellos y añadió:

–Recibid el Espíritu Santo. A quienes les perdonéis los pecados les quedan perdonados; a quiénes se los retengáis les quedan retenidos.

## Gesto

- En oración compartida, haremos entrega de la tarjeta que habremos preparado con la frase de Juan 20 y con el nombre de cada uno de los participantes, llamándolos de uno en uno por su nombre, y haciendo a la vez un gesto de envío a cada uno.

Finalizamos cantando y poniéndonos en esa actitud de envío, de caminar alegres...

### Canto: Testigos

Nos envías por el mundo
a anunciar la buena nueva. (bis)
Mil antorchas encendidas
y una nueva primavera. (bis)

Si la sal se vuelve sosa,
¿quién podrá salar el mundo? (bis)
Nuestra vida es levadura,
nuestro amor será fecundo. (bis)

Siendo siempre tus testigos
cumpliremos el destino. (bis)
Sembraremos de esperanza
y alegría los caminos. (bis)

Cuanto soy y cuanto tengo,
la ilusión y el desaliento. (bis)
Yo te ofrezco mi semilla
y Tú pones el fermento. (bis)

CESÁREO GABARÁIN, "Testigos",
en *La fuerza del Espíritu*,
Ediciones Paulinas, (1980).

## Pistas para el discernimiento

Examinar mi fe en la Iglesia.

Tengo muchas razones para separarme de ella;
pero no soy mejor que mis hermanos en la fe.
¿Soy consciente de que recibo de ella (por ejemplo,
la Palabra y la eucaristía) mucho más de lo que le doy?

Examinar mi espíritu crítico respecto a la Iglesia.
Ni fanatismo, ni vergüenza de ser miembro de esta
vieja institución.

¿Amo cada vez más a esta Iglesia concreta,
sencillamente porque tengo ojos que ven más allá
de las apariencias?

¿Me contento con ser un miembro pasivo o procuro
una participación real, por ejemplo, en la parroquia?

¿Tengo conciencia de que la Iglesia existe para
evangelizar y anunciar a Jesucristo en el mundo,
en mi vida?

¿Qué sentido del mundo tengo?

¿Huyo de él como de lo peligroso? ¿Lo considero
como el polo opuesto, como algo que hay que
conquistar para la Iglesia?

¿Voy aprendiendo a considerar voluntad de Dios
el respeto a las realidades humanas, en su autonomía
propia, y el reino de Dios, toda promoción auténtica

del hombre, independientemente de su relación con la Iglesia?

¿Mi misión comienza integrándome en el contexto próximo en el que vivo y me muevo (familia, parroquia, barrio, etc.)?

# Mi proceso espiritual

# 9

# Ser cristiano en la vida cotidiana: permanecer en Jesús

Permanecer en él. Es hermoso todo el contenido
que conlleva esa palabra: desde la conciencia
clara de centrar nuestra vida en Jesús, agarrarnos
a él con todo nuestro ser, seguirlo, hasta ir
descubriendo que él mismo es más íntimo
a nosotros que nosotros mismos, y hasta recibir
su vida misma.

Disfrutamos de este tiempo de oración
para indagar en cuánto de hondas son nuestras
raíces en la viña que Jesús nos ofrece.

## Oración inicial

### Canto: El viñador

Por los caminos sedientos de luz,
levantándose antes que el sol,
hacia los campos que lejos están,
muy temprano se va el viñador.
No se detiene en su caminar,
no le asusta la sed ni el calor,
hay una viña que quiere cuidar,
una viña que es todo su amor.

Dios es tu amigo,
el viñador,
el que te cuida
de sol a sol.
Dios es tu amigo,
el viñador,
el que te pide
frutos de amor.

CESÁREO GABARAIN, "El viñador",
en *Jesús, nuestro amigo*, (LP), Ediciones Paulinas
(1975).

### Lectura de Isaías 5,1-7

Voy a cantar en nombre de mi amigo un canto de amor a su viña. Mi amigo tenía una viña en fértil collado. La entrecavó, la descantó, y plantó buenas cepas; construyó en medio una atalaya y cavó un lagar. Y esperó que diese uvas, pero dio agrazones. Pues ahora, habitantes de Jerusalén, hombres de Judá, por favor, sed jueces entre mí y mi viña. ¿Qué más cabía hacer por mi viña que yo no lo haya hecho?

¿Por qué, esperando que diera uvas, dio agrazones? Pues ahora os diré a vosotros lo que voy a hacer con mi viña: quitar su valla para que sirva de pasto, derruir su tapia para que la pisoteen. La dejaré arrasada: no la podarán ni la escardarán, crecerán zarzas y cardos; prohibiré a las nubes que lluevan sobre ella. La viña del Señor de los ejércitos es la casa de Israel; son los hombres de Judá su plantel preferido. Esperó de ellos derecho, y ahí tenéis: asesinatos; esperó justicia, y ahí tenéis: lamentos.

## Sugerencia

○ En oración compartida, podemos hacer el salmo a dos coros con la antífona: "La misericordia del Señor cada día cantaré".

### Canto: La misericordia del Señor cada día cantaré, Salmo 92 (91)

Es bueno dar gracias al Señor
y tocar para tu nombre, oh, Altísimo,
proclamar por la mañana tu misericordia
y de noche tu fidelidad,
con arpas de diez cuerdas y laúdes
sobre arpegios de cítaras.

Tus acciones, Señor, son mi alegría,
y mi júbilo, las obras de tus manos.

¡Qué magníficas son tus obras, Señor,
qué profundos tus designios!
El ignorante no los entiende
ni el necio se da cuenta.

Aunque germinen como hierba los malvados
y florezcan los malhechores,
serán destruidos para siempre.
Tú, en cambio, Señor,
eres excelso por los siglos.

Porque tus enemigos, Señor, perecerán,
los malhechores serán dispersados;
pero a mí me das la fuerza de un búfalo
y me unges con aceite nuevo.
Mis ojos no temerán a mis enemigos,
mis oídos escucharán su derrota.

El justo crecerá como una palmera
y se alzará como un cedro del Líbano:
plantado en la casa del Señor,
crecerá en los atrios de nuestro Dios;
en la vejez seguirá dando fruto
y estará lozano y frondoso,
para proclamar que el Señor es justo,
que en mi roca no existe la maldad.

Gloria al Padre, al Hijo y al Espíritu Santo
como era en el principio ahora y siempre
por los siglos de los siglos. Amén.

JACQUES BERTHIE, "La misericordia del Señor
cada día cantaré", en *Cantos para la misa.
Repertorio básico.* Vol. III, (casete).
Discoteca Pax (1989).

## Lectura de Juan 15,1-4

Yo soy la vid verdadera, y mi Padre es el viñador.
El Padre corta todos los sarmientos improductivos,
y poda los que dan fruto, para que den más fruto.
Vosotros ya estáis limpios, gracias a las palabras que
os he hablado. Permaneced unidos a mí, como yo lo
estoy a vosotros. Ningún sarmiento puede producir
fruto por sí mismo, sin estar unido a la vid, y lo mismo
os ocurrirá a vosotros, si no estáis unidos a mí.

### Canto: El viñador

Él te protege con un valladar
levantado en tu derredor.
Quita del alma las piedras del mal
y ha elegido la cepa mejor.
Limpia los surcos con todo su afán
y los riega con sangre y sudor.
Dime si puede hacer algo más
por su viña el viñador.

Dios es tu amigo,
el viñador,
el que te cuida
de sol a sol.
Dios es tu amigo,
el viñador,
el que te pide
frutos de amor.

CESÁREO GABARÁIN, "El viñador",
en *Jesús, nuestro amigo*, (LP, 1975).

## Pistas para la oración

La vida del discípulo, a partir de la Pascua, es la vida de Dios, que se comunica al mundo. Todo creyente está llamado a esta plenitud de vida.

Es lo que el evangelista Juan ha llamado permanecer en Jesús, con la imagen inigualable de la unión entre vid y sarmientos (Juan 15).

### Sugerencia

○ Detenerse en cada frase, poniéndonos en presencia de Jesús.

¡Misterio sobrecogedor el que nos vincula a Jesús, que compara su unión con nosotros con la que existe entre el Padre y el Hijo en el Espíritu Santo!

## Claves de oración

1. Partir del símbolo bíblico de **la vid**: "Yo soy verdadera y mi Padre es viñador. Vosotros sois los sarmientos. Permaneced en mí". La viña es el símbolo del pueblo de Dios, de la comunidad cristiana.
   La viña significa la elección, según el primer Isaías. Un paso nuevo es que se le llame a Jesús "la cepa", que expresa muy bien el misterio pascual de Jesús.

   La cepa es un árbol muy pequeño, al que se le podan los sarmientos; durante el otoño se le caen las hojas, queda desnudo, y así pasa un largo invierno. A una cepa se le puede atribuir lo que dice el profeta Isaías del siervo: que no tiene belleza ni figura, pero tiene raíces hondas, lo que posibilita que, si ha recibido suficiente agua hasta abril, dé fruto en septiembre u octubre. Allá por febrero o marzo, según las regiones, comienzan a salirle unos botones verdes claros, de los que comienzan a salir los sarmientos, que ya para mayo o junio están espléndidos, de los que comienzan a brotarle una flor casi insignificante, con pequeños puntitos blancos, gracias a la fuerza omnipotente de la savia. En septiembre la encontraremos en todo su esplendor, produciendo uvas doradas que se transformarán en vino. El vino de la fiesta y del amor. Así es la vida de Jesús, plantada en las raíces del Padre, vivificado por la savia del Espíritu

Santo y creando, desde su propio cuerpo mutilado, la vida, los sarmientos que se injertan en él, para producir el más hermoso de los frutos: la misma vida del Padre.

2. "Sin mí no podéis hacer nada. Si no permanecéis en mí, no podéis dar fruto. Os cortarán y os echarán fuera". Sin él no podemos hacer nada.
Nos cuesta aceptar que así es, buscando apoyarnos en nosotros mismos o en otras personas, de las cuales esperamos que nos salven. Pero Jesús insiste: "Sin mí no podéis hacer nada". San Agustín comenta: "no dice un poquito, dice nada".

3. El verbo "permanecer", que tanto se repite aquí, es de mucha densidad de contenido. "Permaneced en mí, en mi amor", no solo significa con él, sino ser en él. Todo el proceso de la vida cristiana es para llegar a "ser en él": "Ya no vivo yo, sino que es Cristo quien vive en mí". "Permanecer" recoge varios sentidos: desde la conciencia clara de centrar nuestra vida en Jesús, agarrarnos a él con todo nuestro ser, seguirlo, hasta ir descubriendo que él mismo es más íntimo a nosotros que nosotros mismos, y hasta recibir su vida misma.

"Permanecer" tiene el sentido de algo que no va y viene, sino que planta morada. El Antiguo Testamento llega a decir que "Dios tiene su delicia en estar con los hijos de los hombres", pero aquí significa mucho más que la tienda del encuentro: aquí es la vida misma de Jesús comunicándose al discípulo. El centro de la vida cristiana es Jesús, y desde ahí también se entiende la eucaristía, como el sacramento de la obediencia y de la comunión, es decir, del "permanecer".

4. Este "permanecer" es la condición para dar vida. El que no se une y no vive unido a Jesús no puede dar vida, aunque haga actos heroicos. Sin embargo, quien "permanece" en Jesús siempre da vida, aunque no sepa cómo.

5. "Permanecer" queda resumido en amar. "Permanecer" es vivir en comunión permanente con Jesús, amándole de tal manera que él mismo sea la fuente de nuestro amor, que nunca puede ser separado del amor a los demás: "Amaos unos a otros como yo os he amado". Esta comunión fraterna es la condición de la misión. "En esto conocerán que sois discípulos míos, si os amáis los unos a los otros". La fecundidad de misión depende del amor que nos une a Jesús y a los hermanos. Disociarlo es disociar el Cuerpo de Cristo. Son inseparables.

6. Jesús nos ofrece su amistad, nos entrega la riqueza que recibe del Padre, nos llama a su intimidad. Pero esta amistad no se puede separar de la obediencia: "Sois mis amigos si hacéis lo que yo os mando". No es un amor de intimidad que se complazca en el regusto, sino obediencia de amor, y de amor teologal.

7. Quiere que participemos de su alegría, para que nuestra alegría sea colmada. Esta alegría es la señal de que a nosotros ha llegado la vida del Padre. Su fuente es el Espíritu Santo.

La cuestión no es qué hacemos, ni siquiera cómo lo hacemos, sino desde dónde vivimos.

Un método muy sencillo de oración es ir leyendo cada frase, y tratar de que nos ponga en relación directa con Jesús.

En el Jesús histórico su autoridad se manifiesta de muchas maneras. Pero es principalmente una autoridad de amor y de misión.

"En verdad, en verdad os digo...", "¡Sígueme!". Jesús entrega su "yo". Es autoridad de autodonación. El "yo" de Jesús se hace amor que da vida, vinculándonos a él.

Cada frase de este capítulo 15, como en general los discursos de la cena, resalta que el Resucitado está con los suyos, vaciándose a favor de estos.

# Oración final

## Sugerencias para la ambientación

- Algún icono o una imagen de Jesús. Unas ramas de vid, o algo que sugiera la cepa del Evangelio. Unos dibujos de racimos de uva.

## Canto: Amaos

Como el Padre me amó,
yo os he amado.
Permaneced en mi amor,
permaneced en mi amor. (bis)

Si guardáis mis palabras
y como hermanos os amáis,
compartiréis con alegría
el don de la fraternidad.
Si os ponéis en camino
sirviendo siempre a la verdad,
fruto daréis en abundancia;
mi amor se manifestará.

No veréis amor tan grande
como aquel que os mostré.
Yo doy la vida por vosotros,
amad como yo os amé.
Si hacéis lo que os mando
y os queréis de corazón,
compartiréis mi pleno gozo
de amar como Él me amó.

KAIROI, "Amaos",
en *Y ahora, Señor*, (CD, 1985).

Agradecidos por la riqueza increíble del texto sobre
el que hemos orado y desbordados por el horizonte
de amor que nos descubre Jesús, terminamos nuestra
oración y dejamos que nos resuene dentro aquella
frase del Evangelio que más nos enraíza y nos vincula
con ese amor de intimidad.

## Gesto

- En oración comunitaria, escribimos nuestro nombre detrás del dibujo del racimo de uva que hemos preparado y, seguidamente, colgarlo en una cepa preparada para ello como símbolo de nuestra unión a la vid verdadera y como expresión del deseo de ser fruto abundante y duradero.

# Pistas para el discernimiento

## Permanecer en Jesús

Todo creyente está llamado a la plenitud de la vida cristiana. Los mejores signos de esta vida solo se perciben de modo indirecto, por ejemplo:

- Coherencia evangélica de vida, que delata el dinamismo del amor.
- Libertad interior que nos lleva a renunciar habitualmente a nuestro yo.
- Sentir la presencia permanente de Dios en la vida, fruto de la experiencia, no de un conocimiento intelectual.
- Paz serena, pero no impasible, que brota de la humilde confianza.
- Oración y acción, amor de Dios y del prójimo en un mismo aliento.

En otras palabras, lo que el evangelista Juan ha llamado permanecer en Jesús, con la imagen inigualable de la unión entre vid y sarmientos.

Porque más que hacer las cosas por Jesús, nuestra vocación es que Jesús las haga en nosotros.

La experiencia de permanecer en Él es real; el que la tiene no puede negarla, pero su evidencia mayor se descubre en sus frutos.

Lo más hermoso de nuestra vida también lo hemos recibido: la existencia, nuestros padres, la revelación, la fe, el Espíritu Santo… Quien no se atreve a pedir y desear el permanecer en Jesús es que tiene a Dios en muy poco.

# Mi proceso espiritual